LES SERPENTS

Texte : Margaret McPhee

Illustrations :
Dr David Kirshner, pages 6–19, 26–35, 38–41, 44–55
Kim Graham, pages 20–25, 36–37, 42–43, 56–57

Titre original : *Investigate Snakes*

Traduction de l'anglais : Brigitte Labadie
Réalisation : Corentin, Quimper

Lecture : Marielle Thaeder

Coordination éditoriale : Christèle Jany
Fabrication : Ursula Schümer

Impression et reliure : Leo Paper Product Ltd., Hong-Kong
Imprimé en Chine

ISBN 3-8290-5305-3
10 9 8 7 6 5 4 3 2 1

Les mots en caractères **gras** sont expliqués à la fin du livre.

INVESTIGATE

LES SERPENTS

Consultant **Dr David Kirshner**
Illustrations **Dr David Kirshner**
& Kim Graham

KÖNEMANN

TABLE DES MATIÈRES

Le monde des serpents

Il y a plusieurs formes, tailles et couleurs de serpents et on pe les trouver partout à travers le monde.

POURQUOI LES SERPENTS FONT-ILS SI PEUR ?

Presque tout le monde a peur des serpents mais pourtant la plupart des gens ne savent pas grand-chose sur eux. Peut-être avons-nous peur des serpents car ils se déplacent sans pattes. Peut être est-ce parce que la morsure de certains est **venimeuse**. Dans ce livre, tu verras que les serpents sont fascinants et devraient être respectés plutôt que craints.

Tête d'un python réticulé, le serpent le plus long du monde.

REGARDE BIEN!

Ce qui ressemble à un ver sur la tête du python est un serpent filiforme, l'un des plus petits serpents au monde.

Le python est grandeur nature. Qu'éprouverais-tu s'il tournait la tête pour te regarder ?

Qu'est-ce qu'un serpent ?

Les serpents sont des reptiles tout comme leurs parents les lézards, les alligators et les tortues. Les reptiles, pourvus d'écailles et d'une colonne vertébrale, pondent des œufs.

Les deux lézards de cette page ont des échancrures d'oreille visibles. Ce n'est pas le cas pour les serpents.

Les anguilles sont des poissons. Elles ont une longue nageoire sur le dos.

REGARDE BIEN !

Bien qu'ils se ressemblent tous, seul le serpent aveugle et le boa des sables sont véritablement des serpents.

LES SOSIES DES SERPENTS

Contrairement à la plupart des reptiles, les serpents n'ont pas de pattes, mais tous les animaux longs et sans pattes ne sont pas des serpents. Les vers de terre n'ont pas de colonne vertébrale. Les anguilles sont des poissons, avec une peau visqueuse et des branchies pour respirer sous l'eau. Les cécilies sont des **amphibiens**, comme les grenouilles. Certains lézards ont de minuscules pattes, voire aucune et ressemblent à des serpents. Ni lézard, ni serpent, le lézard-ver a des écailles différentes et sa langue n'est pas fourchue.

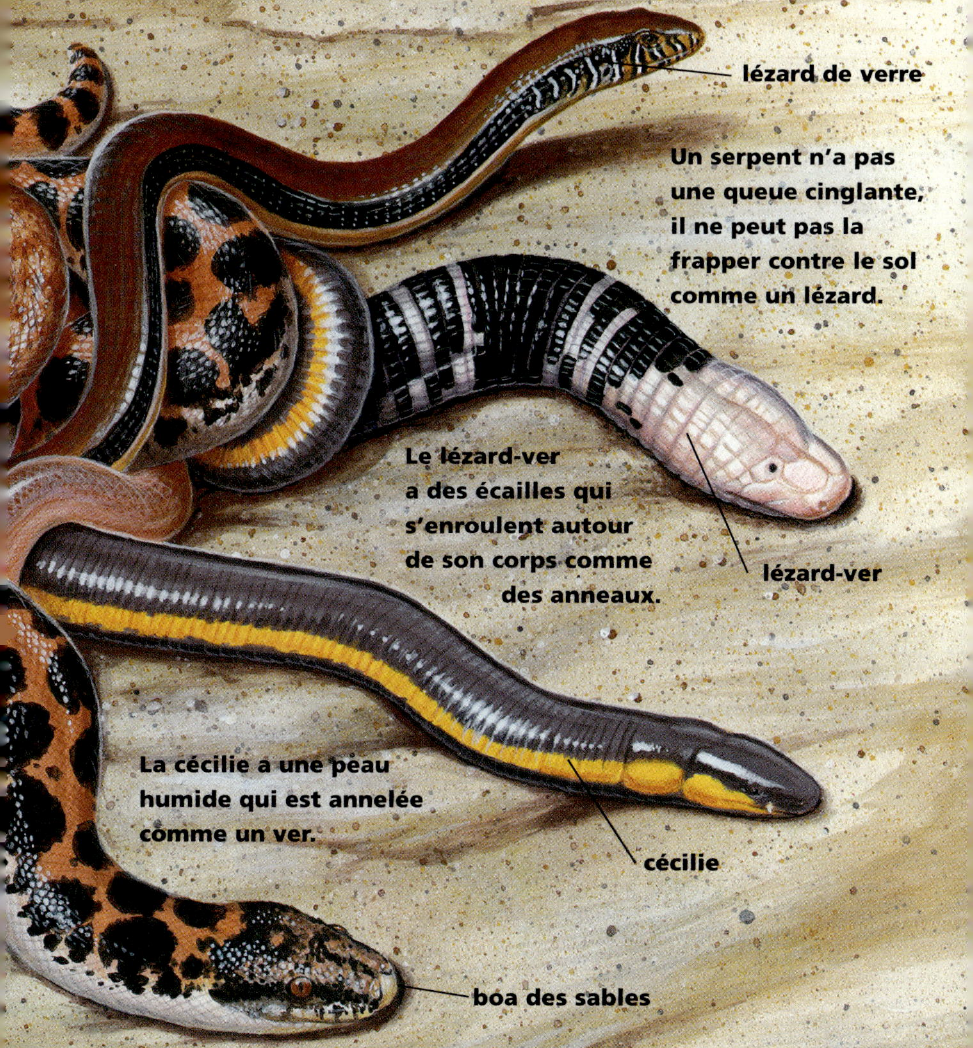

D'où viennent les serpents ?

Les serpents et les lézards sans pattes ont beaucoup de choses en commun. L'étude des lézards sans pattes aide les scientifiques à comprendre les serpents.

DEVENIR UN SERPENT

Les serpents descendent probablement d'un groupe de lézards sans pattes d'une espèce comparable à celle du « lézard moniteur », toujours vivant. Les pythons et les boas sont les plus proches descendants des lézards. La plupart des lézards sans pattes ont perdu leurs pattes parce que cela leur permet de creuser un chemin sous terre ou de glisser dans l'herbe plus facilement. Il est aussi possible que les serpents aient perdu leurs pattes afin de se glisser sous terre mais certains scientifiques pensent que c'était pour nager sous l'eau plus facilement. Les serpents ont une écaille dure et claire au-dessus des yeux à la place d'une paupière. Ces « lunettes » se sont peut-être développées quand ils ont creusé un chemin sous terre ou ont nagé dans l'eau pour la première fois. Quelques lézards et leurs parents sans pattes ont été représentés ici.

Les parents du lézard-alligator ont perdu leurs pattes et sont devenus des lézards de verre.

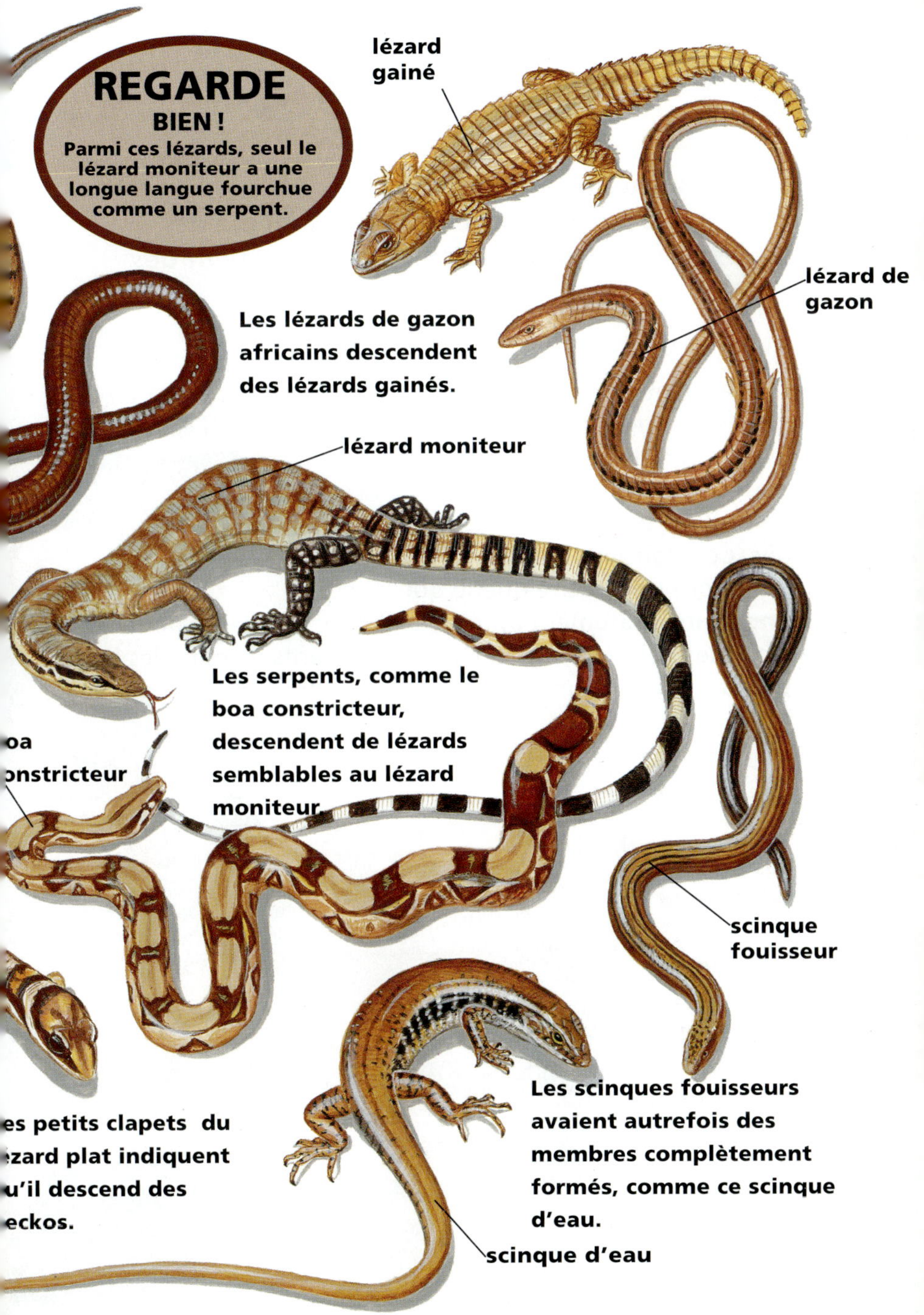

REGARDE BIEN !

Parmi ces lézards, seul le lézard moniteur a une longue langue fourchue comme un serpent.

Les lézards de gazon africains descendent des lézards gainés.

Les serpents, comme le boa constricteur, descendent de lézards semblables au lézard moniteur.

es petits clapets du ̇zard plat indiquent u'il descend des eckos.

Les scinques fouisseurs avaient autrefois des membres complètement formés, comme ce scinque d'eau.

Cous et queues

Bien que les serpents ne semblent être qu'un long corps, ils ont un cou et une queue. Certains ont même de minuscules os là où leurs ancêtres lézards avaient des membres.

PARTIES DU CORPS

Le cou du serpent commence là où sa tête s'arrête. L'angle de la mâchoire est la ligne de démarcation. De l'extérieur il est plus difficile de voir la base du cou, mais vue de l'intérieur on peut la situer en haut du cœur et de la partie principale des poumons. Contrairement aux lézards, les serpents ont une petite queue qui commence immédiatement après le **cloaque**, orifice où débouchent l'intestin et les voies génitales. Certains serpents, comme les boas et les pythons, ont une minuscule queue au bout d'un corps épais.

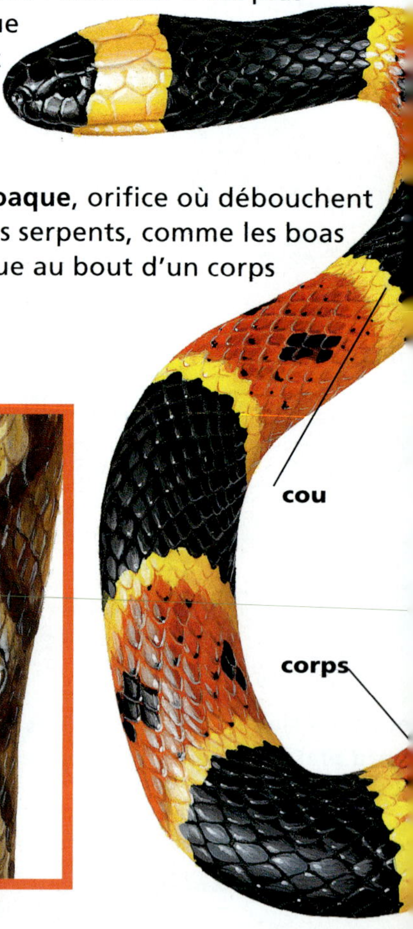

Ecailles près de la queue, sur la face ventrale d'un python de Birmanie. Les ergots sur les côtés et les minuscules os sous la surface sont les seuls vestiges des pattes arrières.

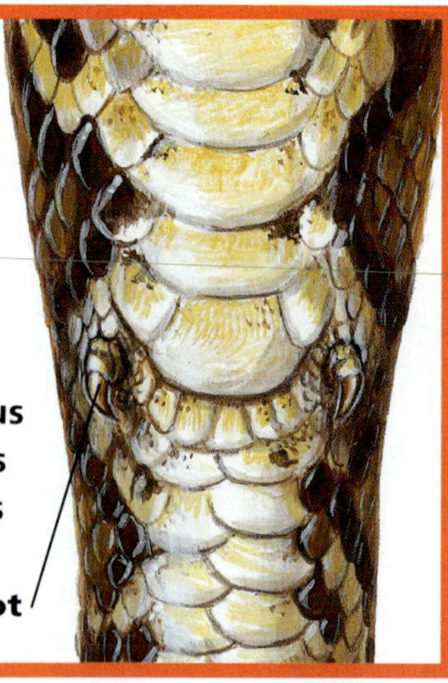

La queue commence au cloaque.

Un serpent-corail d'Amérique du Nord. La plupart des serpents-corail ont des bandes de couleur vive, pour prévenir les prédateurs qu'ils sont très venimeux et qu'il vaut mieux les laisser tranquilles.

Les écailles lisses d'un serpent se chevauchent pour l'aider à se déplacer facilement.

Le corps d'un serpent est bien plus long que sa queue. En revanche les lézards sans pattes ont une queue plus longue que leur corps.

À l'intérieur d'un serpent

Les os et les organes internes d'un serpent sont conçus pour tenir dans son corps long et fin.

TOUT EN COLONNE ET EN CÔTES

Le squelette d'un serpent se compose d'un crâne, d'une longue colonne vertébrale, de côtes et d'une courte queue. Les serpents ont plus de **vertèbres**, os formant la colonne, qu'aucun autre animal. Cela les rend très flexibles. Un serpent a des centaines de côtes, du cou jusqu'au début de la queue. Les côtes, avec les muscles sur la face ventrale, forment un tube solide pour protéger les organes internes. Chez un serpent, ceux-ci sont minces et positionnés l'un après l'autre, afin de tenir dans son corps allongé.

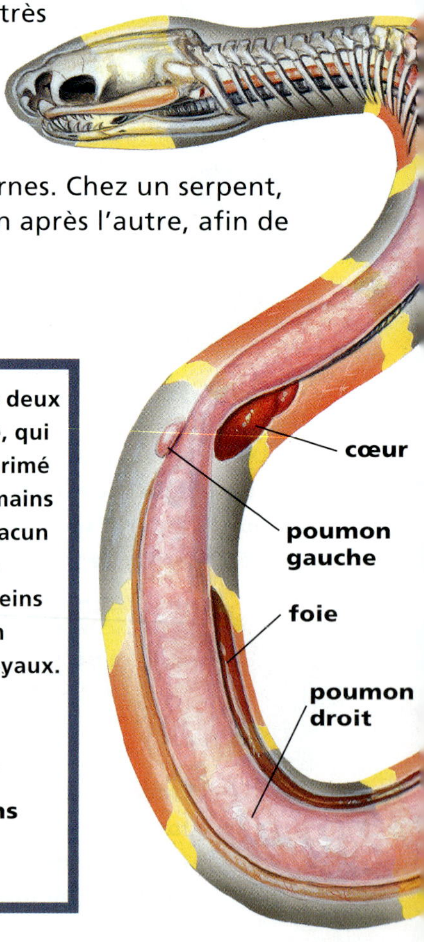

Contrairement aux serpents, nous avons deux poumons de taille presque égale. Le foie, qui est long chez les serpents, est plus comprimé chez les humains. Les humains ont une paire de reins chacun ayant la forme d'un haricot. Les deux reins du serpent sont en forme de longs boyaux.

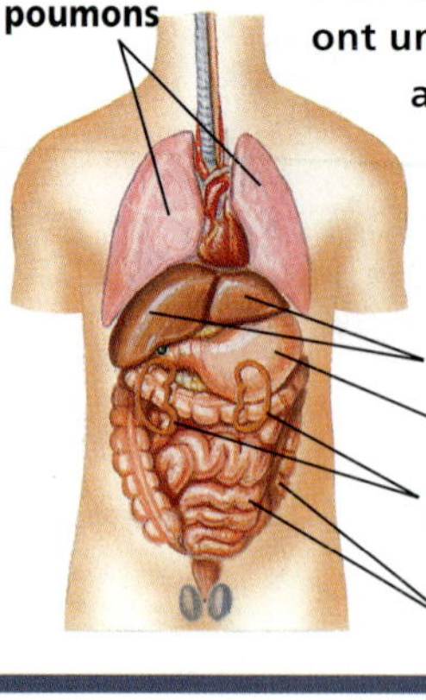

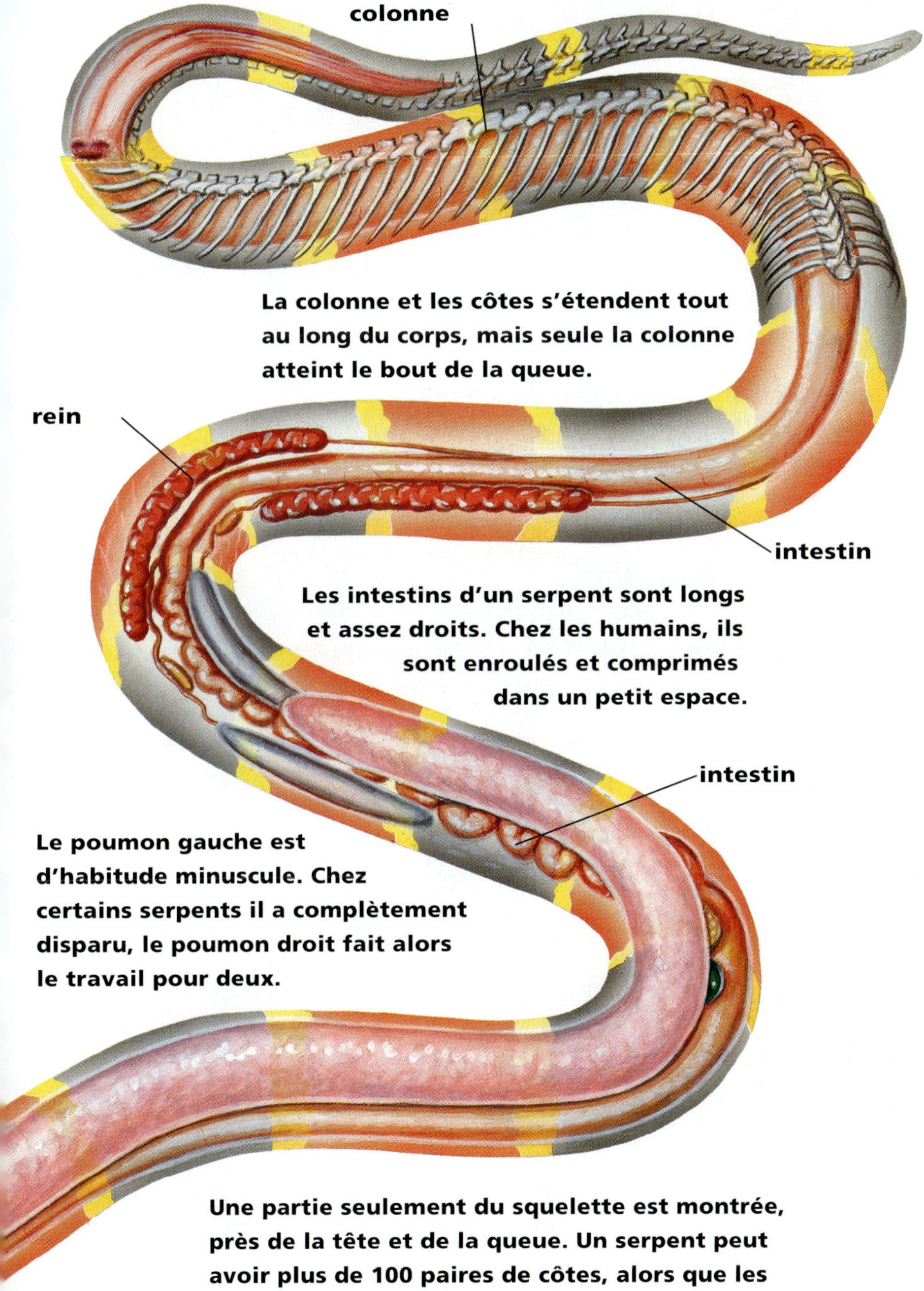

La colonne et les côtes s'étendent tout au long du corps, mais seule la colonne atteint le bout de la queue.

Les intestins d'un serpent sont longs et assez droits. Chez les humains, ils sont enroulés et comprimés dans un petit espace.

Le poumon gauche est d'habitude minuscule. Chez certains serpents il a complètement disparu, le poumon droit fait alors le travail pour deux.

Une partie seulement du squelette est montrée, près de la tête et de la queue. Un serpent peut avoir plus de 100 paires de côtes, alors que les humains en ont seulement 12 paires .

Se déplacer sans pattes

Pour se déplacer, un animal doit prendre appui sur quelque chose. Il exerce une poussée, avec les pattes sur le sol, avec les nageoires sur l'eau, et avec les ailes sur l'air. Les serpents qui n'ont pas de membres se servent alors de tout leurs corps pour se mouvoir.

Les serpents ne peuvent pas bien se déplacer sur une surface glissante, parce qu'il n'y a rien contre quoi ils peuvent s'appuyer.

Les bords des larges écailles ven-trales peu-vent aider le serpent à prendre appui.

Une couleuvre léopardine rampe contre une bûche en poussant les courbes de son corps contre l'écorce rugueuse.

S'EN ALLER

Les serpents ont quatre principaux modes de déplacement. Un serpent peut onduler en tortillant son long corps flexible en forme de boucles et en poussant, ensuite, chaque boucle contre quelque chose afin de la propulser en avant, c'est le serpentement sinueux. Sur une surface molle comme le sable ou la boue, un serpent peut se déplacer en se servant de sa tête et de sa queue comme d'une ancre, et en projetant le milieu de son corps en avant. Ensuite il aligne sa tête et sa queue, c'est le serpentement latéral. Certains serpents se déplacent en étirant le devant de leur corps et en ramenant par la suite la partie arrière en avant, c'est le déplacement en accordéon. D'autres rampent en ligne droite comme une chenille, en poussant leurs écailles ventrales en avant sur le sol, c'est le déplacement rectiligne.

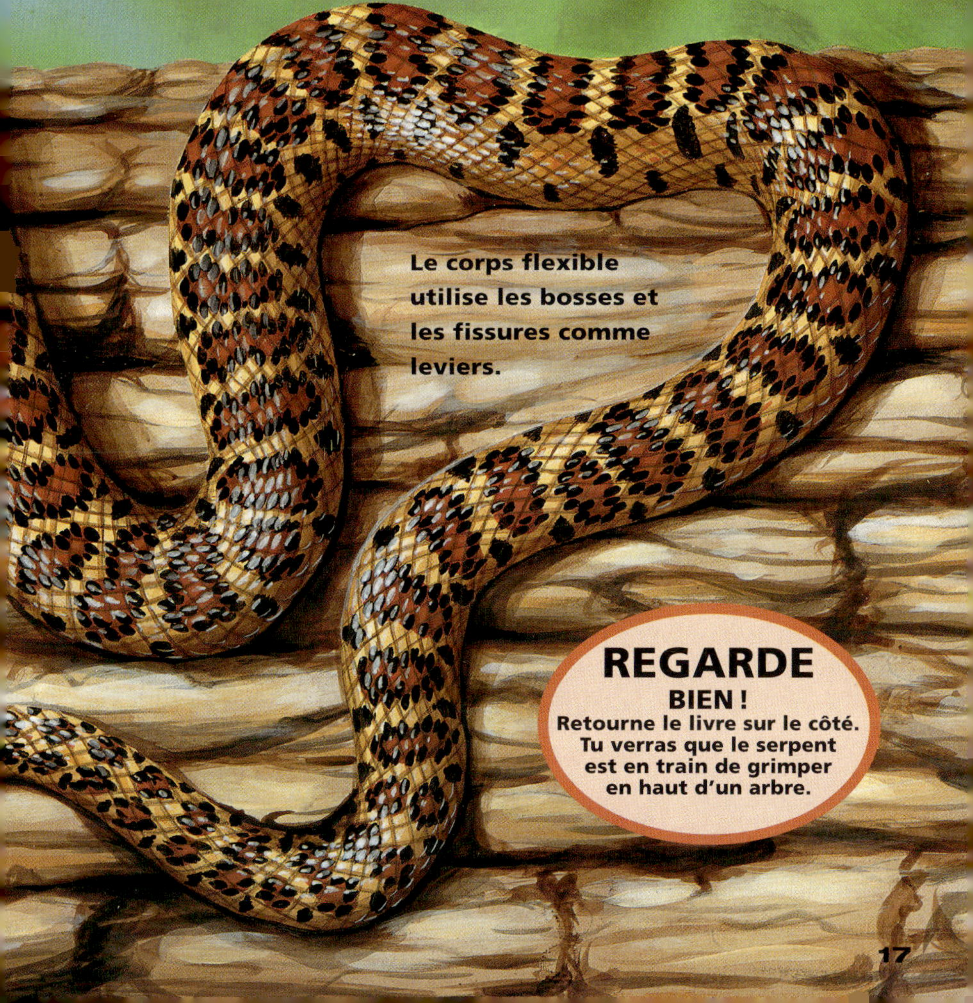

Le corps flexible utilise les bosses et les fissures comme leviers.

REGARDE BIEN !
Retourne le livre sur le côté. Tu verras que le serpent est en train de grimper en haut d'un arbre.

Peau de serpent

Certains serpents ont l'air visqueux, à cause de leur peau brillante et vernie, mais en réalité tous les serpents ont la peau sèche et écailleuse.

FAIRE PEAU NEUVE

Chaque partie du corps d'un serpent est couverte d'écailles, y compris les yeux. Contrairement aux écailles de poisson, celles du serpent sont fermement attachées à lapeau.et ne peuvent pas être grattées. La couche extérieure de la peau des serpents, comme celle des humains, est formée de cellules mortes dont ils doivent se défaire à mesure qu'ils grandissent. Les serpents perdent la couche entière de leur peau morte en une fois. Quand la nouvelle peau est prête, le serpent sécrète un fluide sous la peau morte qui lui permet de s'en débarrasser plus facilement et ceci en se tortillant. Les gros serpents plongent dans l'eau afin de rendre leur peau plus douce et de la perdre plus facilement.

La vieille peau est enroulée comme une chaussette retroussée le long de la jambe. En général, le serpent la perd en une seule fois. Quelquefois, l'empreinte légère des écailles peut être visible sur la mue du serpent.

La nouvelle peau est brillante et les marques sont plus claires.

Un serpent-ratier mandarin avant, pendant, et après la perte de sa vieille peau.

Quand le serpent est prêt à muer, il frotte son museau sur quelque chose de rugueux. Ce serpent a réussi à coincer la peau de sa lèvre inférieure sur un morceau de bois, qu'il utilise pour quitter sa peau plus facilement.

REGARDE BIEN!

Les écailles qui couvrent les yeux du serpent partent avec le reste de la peau.

Les serpents ont-ils vraiment le sang froid ?

On dit que les serpents ont le sang froid, ce qui veut dire qu'ils ne produisent pas leur propre chaleur interne, comme les* mammifères *et les oiseaux. Par contre, la température de leur corps est la même que celle de leur environnement.

L'ÉTÉ

Tous les animaux doivent maintenir leur corps à la bonne température pour digérer leur nourriture et se déplacer. Les serpents sont plus actifs en été, quand ils peuvent se réchauffer au soleil. En été, les serpents réputés pour leur « sang froid », sont rarement froids !

L'HIVER

Sous les climats froids aux longs hivers, les serpents et autres petits animaux incapables de produire leur propre chaleur corporelle doivent attendre le retour des beaux jours, à l'abri de terriers souterrains . La température corporelle des serpents peut descendre juste au-dessus de zéro, température à laquelle ils gèleraient. Ils restent inactifs pendant des mois, et, parce qu'ils ne bougent pas, ils n'ont pas besoin de manger, et vivent de graisse emmagasinée. C'est un régime qui leur convient très bien.

REGARDE BIEN!

Seul l'écureuil produit sa propre chaleur corporelle, qui lui permet de s'activer pendant l'hiver.

Les larges yeux et les pupilles horizontales du serpent-liane au long nez lui donnent une bonne vue pour saisir sa proie.

REGARDE BIEN!

Pour l'aider à nager plus rapidement, le corps du serpent marin est plat et sa queue est en forme de pagaie.

Ce serpent-liane descend rarement sur le sol, si ce n'est jamais. Avec son corps long et léger il peut glisser le long de fines branches et s'étirer d'une branche à l'autre. Sa couleur d'un vert brillant se mélange aux feuilles.

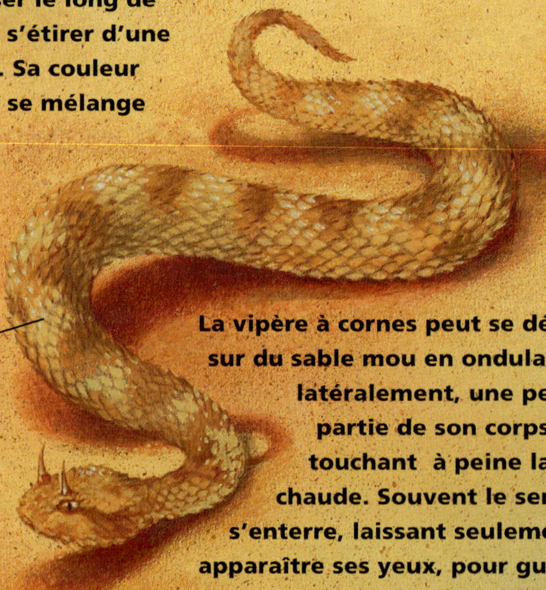

La vipère à cornes est de la même couleur que le désert dans lequel elle vit.

La vipère à cornes peut se déplacer sur du sable mou en ondulant latéralement, une petite partie de son corps touchant à peine la surface chaude. Souvent le serpent s'enterre, laissant seulement apparaître ses yeux, pour guetter sa proie. Ses « cornes » empêchent ses yeux d'être couverts de sable.

Où habitent les serpents ?

Les serpents vivent pratiquement partout dans le monde et sous presque tous les climats. Leur habitat se trouve dans les arbres de la jungle, dans les déserts, ou encore dans l'eau.

S'ADAPTER

Les serpents ne vivent ni sur les terres gelées, près du pôle Nord et du pôle Sud, ni sur de nombreuses îles. Sur plusieurs millions d'années, les serpents ont petit à petit évolué en changeant la forme de leurs corps afin de s'adapter à leurs différents milieux. Certains sont devenus longs et minces afin de pouvoir ramper le long de fines branches. D'autres sont épais et petits afin de pouvoir se déplacer sur le sable. Les serpents qui vivent dans l'eau ont un très long poumon et peuvent rester sous l'eau deux heures durant. Leurs narines sont bien fermées afin d'éviter l'eau de rentrer.

Le serpent marin a des glandes adaptées à l'élimination des sels en excès.

Les couleurs vives du serpent marin signalent qu'il est très venimeux. Cela le protège des prédateurs qui ont appris à le laisser tranquille.

Le serpent marin au ventre jaune dérive dans l'Océan avec les courants. Il se nourrit de poissons qui cherchent abri sous les objets flottants, comme il le fait lui-même. Quand les poissons sont à portée de sa tête, le serpent produit un bref claquement oblique avec ses longues mâchoires.

Faux jumeaux

Aux quatre coins de la Terre, les serpents vivant dans un milieu comparable peuvent se ressembler bien qu'ils ne soient pas très apparentés. Ceci s'explique par le fait qu'ils ont changé de façon identique pour s'adapter à des environnements similaires, c'est une évolution convergente.

MÊME PROBLÈME, MÊME SOLUTION

La vipère à cornes d'Afrique et le crotale, ou serpent à sonnettes, d'Amérique du Nord vivent tous les deux dans des déserts de sable chaud. Ils ont accompli tous deux les mêmes types de changements nécessaires pour s'adapter à leurs milieux. Tous deux ont des cornes qui protègent leurs yeux du sable où ils s'enfouissent. De même, ils se déplacent en ondulant latéralement. Ils sont de couleur sable marbré.

Les deux serpents se lovent à l'identique. Ils recueillent ainsi, dans leur échancrure, de la rosée ou de l'eau de pluie pour l'aspirer.

python vert des arbres

PAIRES ASSORTIES

Le python vert des arbres de Nouvelle-Guinée et le boa émeraude des arbres d'Amérique du Sud vivent chacun à l'autre bout du monde. Mais ils sont tellement ressemblants, qu'il est difficile de les différencier l'un de l'autre. Les deux serpents vivent en haut des arbres dans les forêts tropicales et se nourrissent essentiellement d'oiseaux. Minces et musclés, ils sont verts avec des lèvres jaunes et des stries légères le long de leur dos. Tous deux ont de longues dents pour tenir leurs proies à travers leur plumage.

Les pythons verts des arbres pondent des œufs, et les bébés boas naissent aussi petits que de minuscules serpents. Mais les serpenteaux des deux espèces sont très colorés et différents de leurs parents. Les bébés boas sont rouges, jaunes ou verts. Les bébés pythons sont rouges, jaunes ou marron.

REGARDE BIEN!
Le boa a un visage plus long et des dessins aux formes régulières sur le dos.

boa émeraude des arbres

Les couleurs vives des petits sont peut-être là pour faire peur aux prédateurs. En général, ces couleurs préviennent du danger.

Sur le sol d'une forêt tropicale en Asie tropicale, trois serpents traquent leurs proies.

Le cobra royal mange principalement d'autres serpents.

Les serpents peuvent sentir avec leur langue.

Il est rare qu'un serpent se nourrisse exclusivement d'autres serpents.

Le serpent bongare à bandes se nourrit aussi principalement de serpents.

Que mangent les serpents ?

Les serpents sont des chasseurs. Leur nourriture est constituée par d'autres animaux, grands et petits, qu'ils tuent. Ceux-ci s'appellent leur proie.

MANGEURS DE CHAIR

Tous les serpents sont **carnivores** et ne mangent donc que de la viande. Les proies les plus fréquentes sont des mammifères, tels que rats, lapins, écureuils et chauve-souris, d'autres reptiles, oiseaux, poissons, et toutes sortes d'œufs. Certains grands serpents dévorent des créatures aussi grandes qu'un léopard, tandis que les plus petits serpents mangent des animaux tels que des escargots et même de minuscules termites. Les serpents chassent leur propre nourriture et ne mangent rien qui fût tué par d'autres animaux. Certains serpents avalent toutes sortes d'animaux, alors que d'autres ne mangent qu'une seule et même variété. Quelques serpents n'absorbent que les œufs d'autres créatures. Parce que leurs mâchoires sont conçues pour avaler, non pour mâcher ou déchirer, les serpents mangent en général leurs proies en entier, et d'habitude en commençant par la tête.

REGARDE BIEN!

La proie est d'habitude avalée en entier. Ces serpents pourraient facilement tenir l'un dans l'autre.

Ce serpent au dos rayé mange d'habitude des grenouilles ainsi que du poisson.

Chasser pour se nourrir

Les serpents chassent seuls. Certains recherchent la proie qu'ils captureront ensuite. Quelques-uns surveillent patiemment celle qui passera à leur portée. D'autres enfin la guettent avant de la chasser.

LES RAPIDES ET LES FAINÉANTS

Le corps d'un serpent a souvent une forme adaptée au type de chasse qu'il pratique. Les chasseurs actifs ont en général un corps long et fin qui leur permet de suivre leur proie rapidement. Les chasseurs qui prennent leurs proies en embuscade ont des corps plus lourds et sont bien camouflés. Certains se servent même de leur queue comme appât.

Les grands yeux et la silhouette élancée de ce taïpan sont typiques des chasseurs de jour actifs.

La vipère du Gabon en Afrique peut attendre longtemps pour pour prendre sa proie en embuscade.

REGARDE BIEN!

Camouflé dans le fouillis de feuilles, un jeune mocassin du Mexique se sert de sa queue comme d'un appât

Voir et sentir

Pour la plupart des serpents, l'odorat et la vision sont les sens les plus importants pour trouver à manger et éviter les ennemis. Ils peuvent aussi capter des vibrations du sol, mais ils n'ont pas d'oreilles.

LES SENS DES SERPENTS

Un serpent ne sent pas avec des narines, mais au lieu de cela, « goûte » l'air ou le sol en prélevant de minuscules particules avec sa langue fourchue. Ensuite, il met ces particules dans une partie spéciale de la voûte de son palais, l'**organe de Jacobson**, qui précise exactement au serpent ce qu'il sent. Certains serpents ont des fossettes récepteurs de chaleur au-dessous de leurs yeux ou sur leurs lèvres pour trouver les proies au sang chaud dans le noir.

Les fossettes récepteurs de chaleur des serpents à sonnettes leur font « voir » les proies au sang chaud, telles que le rat, dans le noir. Le gecko, reptile au sang très froid, n'est pas facilement détectable.

CE QUE SERPENTS ET HUMAINS VOIENT

LUMIÈRES ÉTEINTES, CE QUE LES HUMAINS VOIENT

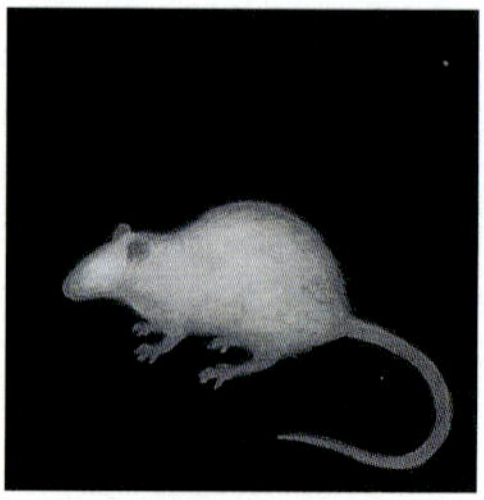

LUMIÈRES ÉTEINTES, CE QUE LES SERPENTS À SONNETTE VOIENT

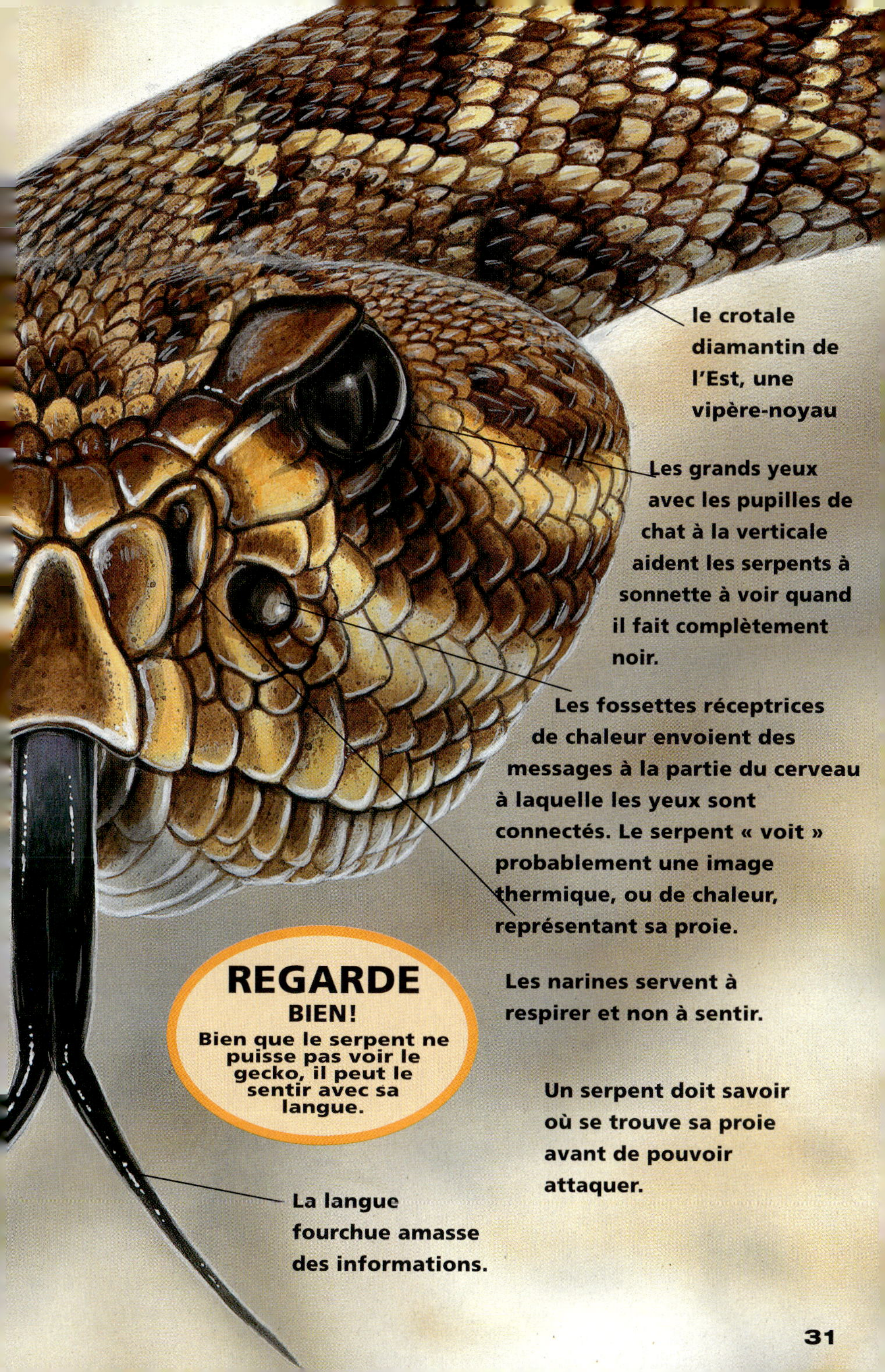

le crotale diamantin de l'Est, une vipère-noyau

Les grands yeux avec les pupilles de chat à la verticale aident les serpents à sonnette à voir quand il fait complètement noir.

Les fossettes réceptrices de chaleur envoient des messages à la partie du cerveau à laquelle les yeux sont connectés. Le serpent « voit » probablement une image thermique, ou de chaleur, représentant sa proie.

Les narines servent à respirer et non à sentir.

Un serpent doit savoir où se trouve sa proie avant de pouvoir attaquer.

REGARDE BIEN!

Bien que le serpent ne puisse pas voir le gecko, il peut le sentir avec sa langue.

La langue fourchue amasse des informations.

Prêt à tuer

Une fois que les serpents ont trouvé leur proie, la tâche suivante consiste à la tuer. Un serpent peut le faire de trois manières différentes. Il peut enserrer sa proie jusqu'à l'étouffement, ou lui injecter du poison ou bien encore l'engloutir vivante.

SERRER TOUJOURS PLUS FORT

Beaucoup de serpents utilisent la **constriction** qui consiste à serrer pour tuer. Ils s'enroulent autour de leur proie, serrant plus fort chaque fois que l'animal blessé expire, afin que celui-ci étouffe rapidement ou que sa circulation sanguine s'arrête. Au lieu d'envelopper et de serrer, certains serpents poussent simplement leurs proie sur le sol avec l'un de leurs anneaux. D'autres serpents injectent du **venin,** ou poison, dans les muscles de leur proie avec leurs longues dents pointues que sont leurs **crochets**. Ensuite, ils laissent agoniser leur proie empoisonnée par le venin ou bien l'enserre jusqu'à ce qu'elle meure.

Pour mordre ce rat marron, les mâchoires du crotale diamantin de l'Est ont un écartement presque maximal. Les longs crochets pointus vont passer au travers de la fourrure du rat afin que le serpent puisse injecter son venin.

Les serpents venimeux ont des crochets.

Quand le serpent mord, le poison est projeté à travers ses crochets creux.

INVESTIGATE

Ce serpent-roi de Californie étreint mortellement un lézard-alligator du Sud. D'habitude, les constricteurs, qui enserrent leur proie, la mordent avant de s'envelopper autour d'elles, pour la maintenir en place. Les serpents constricteurs ne sont généralement pas venimeux, et la plupart du temps n'ont donc pas de crochets.

Un serpent à groin de Madagascar avalant un crapaud de Fowler.

REGARDE BIEN!
Chaque serpent se sert de sa bouche. Même le serpent-roi tient le lézard dans sa bouche.

Ce crapaud a gonflé son corps avec de l'air pour empêcher le serpent de l'avaler, mais les crochets spéciaux du serpent le transperceront.

Comment les serpents avalent-ils leur proie ?

Les serpents ne sont pas capables de déchiqueter leur proie, ou de la mâcher pour en faire des morceaux, alors ils doivent l'avaler en entier. Puisque leur proie est souvent très large, le serpent a besoin de mâchoires et de dents particulières.

GRAND OUVERT

Un serpent peut attendre longtemps pour satisfaire sa faim. Aussi quand il trouve à manger, il doit être rassasié. Cela veut dire que souvent il doit avaler une proie qui est plus grande que sa tête. À cet effet un serpent a un crâne flexible avec des mâchoires à l'articulation souple et qui s'ouvrent plus grand que les mâchoires de n'importe quel autre animal. Aussi, la mâchoire inférieure du serpent est composée de deux parties. Elle peut s'étirer sur le côté et chaque côté de la mâchoire peut se déplacer indépendamment. Le serpent enfonce les dents d'un côté de sa mâchoire dans la proie qu'il avale. Ensuite, il retire cette mâchoire et étend l'autre côté en avant pour répéter le processus. Doucement, mais sûrement, la proie est engouffrée au fond de la gorge du serpent.

Les dents de la plupart des serpents sont longues, fines et pointues. Elles sont recourbées vers l'arrière de la bouche afin de s'assurer que la proie ne lui échappe pas. Souvent, les dents se cassent dans la proie et comme il est très important que le serpent ait une bonne dentition, les dents perdues sont vite remplacées. Les nouvelles dents poussent continuellement à côté des dents déjà existantes. Par conséquent, la plupart des serpents n'ont que la moitié du nombre possible de dents à n'importe quel moment donné.

CRÂNE DE PYTHON

Quand elles sont inactives, les dents sont recouvertes par des gencives fortes et protectrices.

Un python de Birmanie avec sa bouche fermée et ouverte. Les mâchoires peuvent s'étirer encore plus qu'on ne le montre ici.

REGARDE BIEN!

Remarque que le python n'a pas de crochets. C'est parce que ce n'est pas un serpent venimeux.

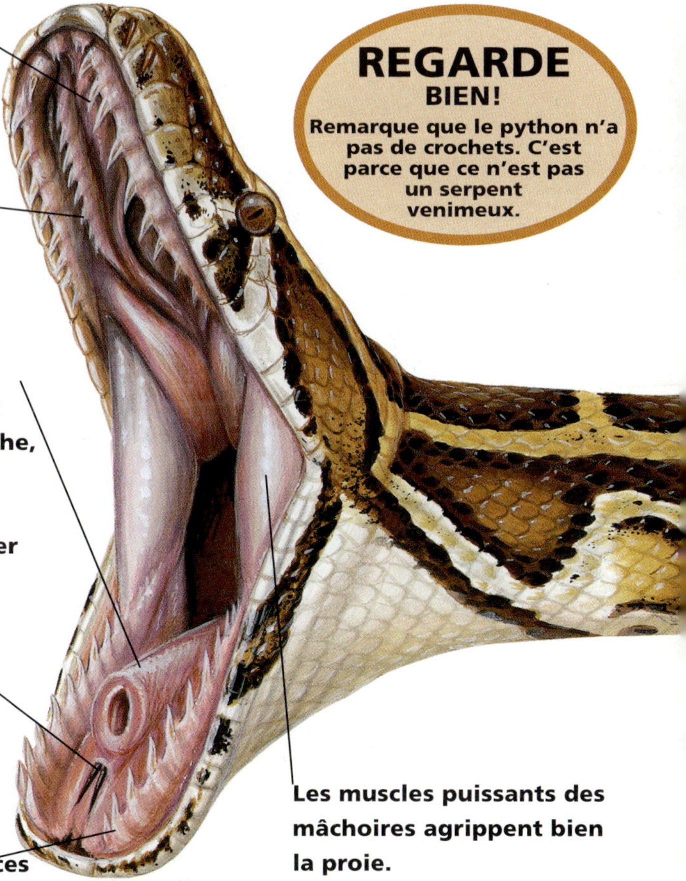

Les serpents mangent-ils beaucoup ?

La quantité de nourriture mangée par les serpents dépend de leur taille et du climat. Certains se contentent de petits repas réguliers, et pour d'autres un grands repas une fois de temps en temps leur suffit.

Pour rester en vie, un lion, **prédateur** à sang chaud, a besoin de manger à peu près 30 impalas par an, soit cinq kilogrammes de viande par jour, alors qu'un python africain pourrait survivre avec seulement trois impalas ou encore moins.

MATIÈRE À RÉFLÉCHIR

Les serpents n'ont pas besoin d'autant de nourriture que les animaux comme les mammifères et les oiseaux, ces derniers ayant besoin de produire de l'énergie pour chauffer leur propre corps. Les serpents utilisent le soleil pour réchauffer leur corps. Ils sont donc plus actifs et mangent davantage quand il fait chaud. En revanche, ils restent inactifs pendant de longues périodes quand il fait froid, et comme ils utilisent moins d'énergie, ils n'ont donc pas besoin de beaucoup de nourriture. Un serpent qui vit dans un climat tropical mangera plus que celui qui vit dans un climat tempéré. Pendant l'hiver, sous toutes les latitudes, sauf sous les tropiques où la chaleur est intense, les serpents mangent peu ou même pas du tout.

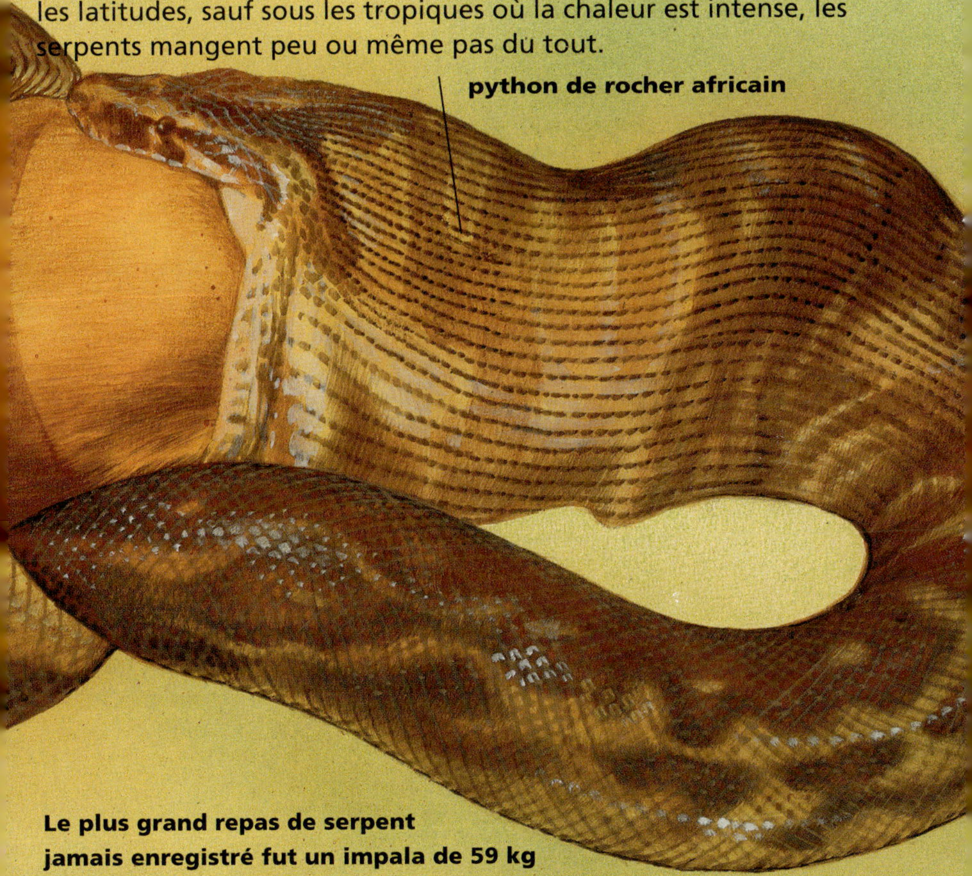

Le plus grand repas de serpent jamais enregistré fut un impala de 59 kg mangé par un python de rocher africain de cinq mètres. Ceci est rare, car même ces serpents-là mangent de plus petites proies à l'ordinaire.

aigle à serpent
aux orteils
courts
De fortes
griffes peuvent
maintenir le
serpent au sol,
alors que le bec
pointu déchire
le serpent.

Qui mange les serpents ?

Dans la nature, la plupart des animaux courent le risque d'être mangés par d'autres animaux. Les serpents ne sont pas une exception.

UN MONDE DANGEREUX

La plupart des carnivores mangeront un serpent s'ils en ont l'opportunité. Une mangouste tuera et mangera des serpents, et les chats, renards, ratons laveurs ou les cochons sauvages feront de même. On a vu de grandes grenouilles avaler de petits serpents, comme le font les crocodiles, alligators et grands lézards. Parfois, le pire ennemi du serpent est l'un d'entre ces serpents, nommés «rois», comme le serpent-roi, le roi marron ou le cobra royal, qui se nourissent d'autres serpents. Mais leurs prédateurs communs les plus dangereux sont les oiseaux, et surtout l'aigle. Volant au-dessus de leur proie, ils descendent à pic quand ils aperçoivent un serpent et l'empoignent avec leurs griffes ou serres acérées. De puissantes ailes permettent même à un aigle de transporter de lourdes proies, et le bec recourbé et pointu de l'oiseau peut traverser la peau écailleuse du serpent.

L'aigle à serpent aux orteils courts se nourrit essentiellement de reptiles, serpents en particulier, et attaquera même des espèces venimeuses telles que le cobra indien.

REGARDE BIEN!

Le cobra déploie son capuchon pour essayer d'intimider l'aigle avec ses grandes mouchetures en forme d'œil.

Autodéfense

Les serpents se défendent de plusieurs manières. La plupart se cachent ou s'enfuient, et s'ils ne peuvent pas s'échapper, ils essaient d'intimider leurs attaquants pour les faire fuir.

ÉVITER LES ENNEMIS

La meilleure stratégie de défense est le camouflage, mais quand les serpents ne peuvent pas se cacher, ils s'enfuient. S'ils échouent, certains se métamorphosent pour avoir l'air plus redoutable afin d'effrayer les prédateurs. Les cobras et d'autres serpents déploient leur capuchon pour paraître plus grand, ou encore se dressent en forme de « S ». Quelques-uns émettent un sifflement ou d'autres sons, et leurs couleurs vives préviennent les prédateurs qu'ils sont venimeux. D'autres encore peuvent bluffer en ayant l'air dangereux et agissent comme tels. Mordre est le dernier recours.

2. Quand ils sont piégés, la plupart des serpents essaient de siffler et d'avoir l'air grand et effrayant. Ce ringhalls a déployé son capuchon.

1. D'habitude, les serpents évitent les problèmes en se cachant ou en s'éloignant en rampant.

La sonnette est un moyen dissuasif utilisé par le serpent pour éviter d'être blessé. Les grands animaux sont avertis qu'ils risquent une vilaine morsure. La sonnette est constituée d'anneaux cornés au bout de la queue du serpent. Un nouvel anneau vient s'ajouter à chaque mue.

Les divers moyens de défense adoptés par le ringhalls, serpent venimeux d'Afrique australe.
. Pour les inghalls, l'étape uivante consiste à cracher du venin dans les yeux de 'attaquant.
4. Quand tout autre moyen a échoué, la plupart des serpents mordent.
5. Les ringhalls et d'autres serpents se retournent sur leur dos et font semblant d'être morts.
6. le serpent fait le mort jusqu'au départ de son agresseur, puis retrouve vite son instinc de survie en prenant la fuite.

Les serpents sont-ils en voie d'extinction ?

Comme beaucoup d'autres animaux sauvages, les serpents sont menacés à cause de la destruction de leur milieu naturel. Les hommes les chassent parfois pour consommer leur chair, faire le commerce de leur peau ou bien ils les massacrent par haine.

MENACES SUR LES SERPENTS

Certains serpents sont tués à cause de la peur qu'ils occasionnent. Un très grand nombre d'entre eux sont tués pour leurs peaux au si joli dessin. Les chasseurs tuent parfois des milliers de serpents en quelques jours. Les amateurs paient très cher des bottes, sacs, ceintures et autres produits en peau délicate de serpent. Dans certains pays, les serpents sont chassés pour être mangés, ou pour fabriquer des médicaments à base des parties de leur corps. Cependant, ce qui tue la plupart des serpents est la disparition progressive du territoire où ils vivent. L'extension des grandes agglomérations,et les exploitations agricoles, constituent une grande menace pour les serpents. Ainsi, le simple fait de prendre des rochers à la campagne pour les utiliser dans un jardin peut rendre difficile l'adaptation des serpents à leur milieu, les rochers étant des abris naturels. La rareté de quelques espèces de serpent fait craindre leur complète disparition.

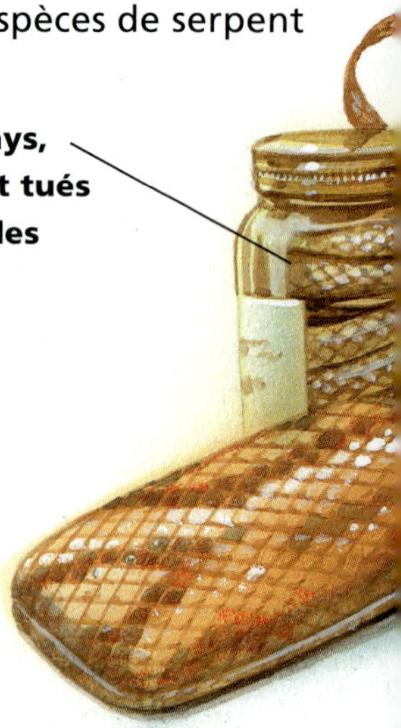

Dans certains pays, les serpents sont tués pour fabriquer des médicaments traditionnels.

Dans les pays riches, la demande pour les produits de luxe comme les sacs à main et les bottes est en augmentation si bien que certaines espèces sont en danger d'extinction.

Les serpents perdent leur habitat à cause du défrichement des forêts pour construire des routes ou des villes. Le milieu restreint du serpent-jarretières de San Francisco est menacé par l'extension de la ville.

Le serpent à groin de Madagascar, comme celui d'Amérique du Nord auquel il est vaguement apparenté, a un museau retroussé pour déterrer des crapauds.

GRANDS MÂLES, PETITES FEMELLES

Les mâles de certaines espèces de serpents sont plus gros que les femelles. Ces mâles se battent pour s'accoupler avec les femelles disponibles. Les plus gros serpents sont plus aptes à gagner ce combat. Les combats de serpent sont comme des matchs de catch, avec des mâles qui luttent corps à corps pour essayer de se renverser l'un l'autre. Chez quelques espèces, chaque mâle se cabre pour tenter de renverser l'adversaire. Parfois, ils se dressent si haut qu'on dirait qu'ils sont en train de danser. Chez d'autres espèces, les mâles s'entrelacent étroitement et ressemblent à une corde nouée. Il arrive que les serpents sifflent quand ils se battent, mais ils mordent rarement. Le perdant abandonne la lutte et fuit, tandis que le vainqueur attire la femelle.

Combat et accouplement

Les serpents femelles cherchent des partenaires en sécrétant des odeurs. Parfois, les mâles combattent pour séduire ces femelles.

GRANDES FEMELLES, PETITS MÂLES

Généralement, les serpents mâles et femelles se ressemblent. Les femelles grossissent pour donner naissance à des bébés en grand nombre et bien portants. Les mâles détectent de loin les femelles grâce aux odeurs qu'elles dégagent. L'accouplement commence quand le mâle entrelace sa queue, et parfois une partie de son corps, avec celle de la femelle afin de rapprocher leur cloaque.

Ces serpents à groin de Madagascar sont en train de se battre, pas de s'accoupler !

Comment les serpents se reproduisent-ils ?

La plupart des serpents pondent des œufs d'où sortent les serpenteaux. Certains mettent au monde des serpenteaux vivants dans un sac. De quelque manière que ce soit, les petits viennent généralement au monde trois à cinq mois après l'accouplement de leurs parents.

ŒUFS PARCHEMINÉS

Les œufs doivent rester à bonne température afin que leur **incubation** soit réussie. Certains serpents pondent des œufs là où ils peuvent profiter de la chaleur du soleil. D'autres pondent des œufs dans des débris végétaux, comme des bûches en décomposition, qui produisent de la chaleur en pourrissant. Contrairement à l'œuf de poule, qui a une coquille dure, les coquilles des œufs de serpent sont **parcheminées**. Certains nouveau-nés ont une **dent de l'œuf** au bout de leur museau avec laquelle ils incisent la coquille résistante. Cette dent de l'œuf disparaît très peu de temps après que le nouveau-né est sorti.

Après que les parents se sont accouplés, le petit des serpents ovipares, comme ce python diamantin, peut séjourner trois ou quatre mois dans le corps de sa mère, puis à peu près deux mois dans l'œuf, avant d'éclore.

Les petits des serpents ovovivipares, comme pour cette vipère heurtante, passent une longue période, jusqu'à cinq mois ou plus, à l'intérieur de la mère mais ils quittent leur sac dès qu'ils sortent du corps de leurs mères.

NAISSANCES VIVANTES

Les serpents **ovovivipares** qui portent leurs petits dans leur corps lézardent au soleil pour que leurs bébés aient suffisamment de chaleur pour se développer. Ceci est important pour les serpents des régions froides peu ensolleillées où les œufs n'auraient pas assez de chaleur. Lorsqu'elle se déplace, la mère serpent peut facilement protéger le serpenteau à l'intérieur du sac, ce qui est moins évident pour les serpents qui doivent rester près de leur couvée. Seul l'inconvénient du poids supplémentaire rend difficile la chasse des proies et augmente le risque d'être vaincu par un prédateur.

Élever les petits

Les serpents, comme la plupart des reptiles, ne s'occupent généralement pas de leurs petits. Une fois qu'un serpenteau est sorti de son œuf ou de son sac, il est capable de se débrouiller tout seul.

SOINS MATERNELS

La plupart des mères serpents ovipares s'éloignent du nid qu'elles ont choisi pour la ponte. Mais certaines, comme les mères cobras demeurent au nid auprès de leurs œufs pour les protéger pendant presque toute la période d'incubation. Les mères pythons se lovent autour des œufs et les couvent. Par des sortes de frissons rythmiques, occasionnés par des contractions musculaires, elles font augmenter la température de leur couvée, faculté rare pour un animal supposé à sang froid. Les serpents ovovivipares prennent soin de leur progéniture tout au long de leur développement dans le sac à l'intérieur de la mère. Quand elle donne naissance aux serpenteaux, ils quittent leur sac et doivent assurer leur propre survie.

En général un œuf décoloré est vide. La mère évite de s'enrouler autour de lui afin d'empêcher qu'il ne propage, par sa décomposition, des moisissures aux œufs sains.

Une femelle python-sang **couvant** ses œufs.

REGARDE
BIEN!

L'un des petits a incisé son œuf avec une dent spéciale très acérée dite « dent de l'œuf ».

Bizarre et merveilleux

Les serpents ont tous la même forme, longue, sans pattes et cylindrique, mais il existe une grande diversité de tailles, couleurs et dessins. Certains serpents ont vraiment l'air très bizarre.

Le serpent à tentacules d'Asie, qui bouge doucement, s'agrippe à des plantes sous-marines et se nourrit de poissons. Ses tentacules l'aident à camoufler sa silhouette.

DES MUSEAUX EXTRAORDINAIRES

Les serpents vivant dans divers endroits ont développé différents traits pour s'adapter et trouver à manger. Les variations les plus curieuses concernent les formes et les ornements de la tête dont l'aspect sert à attraper de la nourriture, à se camoufler et à creuser un terrier. Trois des exemples les plus bizarres sont illustrés ici.

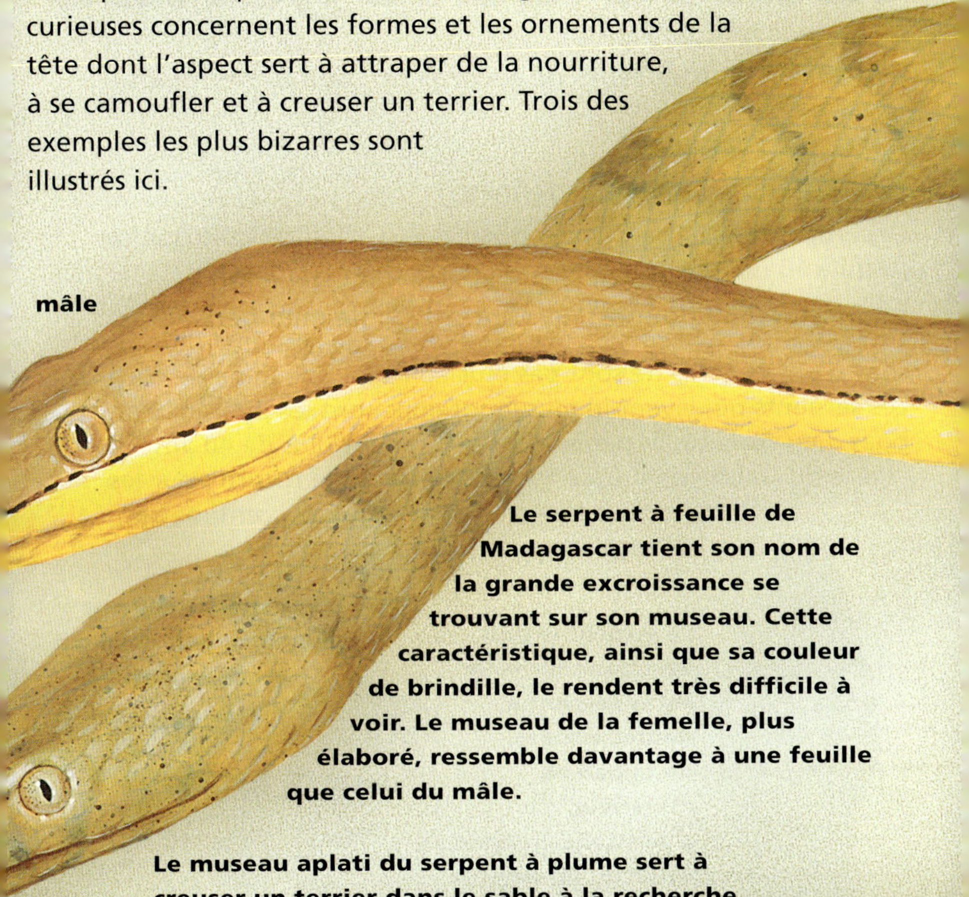

Le serpent à feuille de Madagascar tient son nom de la grande excroissance se trouvant sur son museau. Cette caractéristique, ainsi que sa couleur de brindille, le rendent très difficile à voir. Le museau de la femelle, plus élaboré, ressemble davantage à une feuille que celui du mâle.

Le museau aplati du serpent à plume sert à creuser un terrier dans le sable à la recherche de sa nourriture préférée, les lézards-vers.

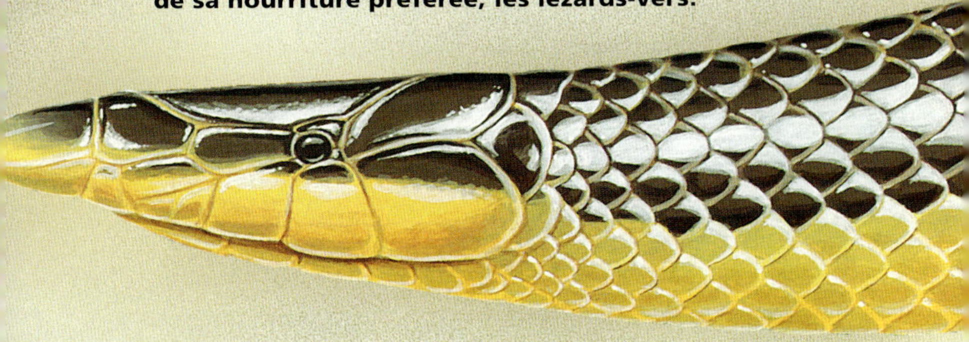

Champions toutes catégories

Qui sont les détenteurs de records du monde parmi les serpents ?

SERPENTS DE L'EXTRÊME

Le serpent le plus long du monde est le python réticulé qui fait jusqu'à 10 m. Le plus lourd est l'anaconda vert qui est presque aussi long que le python précédent et peut peser jusqu'à 250 kg. Par contraste, certains membres de la famille des serpents filiformes sont si petits qu'ils ne sont pas plus épais qu'une mine de crayon. Les serpents qui vivent le plus longtemps sont les pythons et les boas. En captivité, ils peuvent vivre pendant plus de 40 ans. La vipère du Gabon d'Afrique tropicale détient le record pour les crochets les plus longs, avec près de cinq centimètres. Tous ces serpents sont visibles dans ce livre.

Les mambas noirs ne sont pas noirs mais ont une bouche noire.

Le serpent le plus venimeux sur terre est le serpent à petites écailles, ou taïpan de l'intérieur, d'Australie centrale. Le venin qu'un serpent porte est assez puissant pour tuer 250 000 souris.

taille réelle

La vipère à écailles dentées est le serpent le plus dangereux du monde. Contrairement aux serpents marins et au serpent à petites écailles, qui possède un venin plus puissant, il est coléreux et se trouve dans les régions très fortement peuplées.

e serpent le plus apide sur terre est le mamba noir. Il peut atteindre une vitesse maximale de 20 km/h.

Certains scientifiques prétendent que les serpents marins sont des plus venimeux de tous. Mais ils sont rarement agressifs.

La morsure de ce serpent, présent en Afrique, au Moyen-Orient et en Inde, est responsable de milliers de morts chaque année.

Types de serpents

Il y a près de 2 700 espèces de serpents. Ils sont classés dans des groupes appelés familles. Les scientifiques ne sont pas toujours d'accord sur la classification de tel serpent dans telle famille.

PRINCIPAUX GROUPES DE SERPENTS

Les serpents aveugles et vers : ces trois familles de serpents petits, primitifs, cylindriques et fouisseurs se trouvent dans les régions les plus chaudes du monde. Les boas et pythons : ces serpents vivant dans les régions chaudes sont petits ou très grands, la plupart ont un corps lourd, et tuent leur proie par constriction. Les serpents-limes : ces serpents ont une peau lâche et des écailles sèches leur permettant de tenir leur proie, généralement des poissons. Ils se trouvent en Asie et en Australie du nord. Les serpents-tubes et à queue bouclier : ces deux familles de serpents primitifs et fouisseurs avec des queues courtes et émoussées se trouvent en Asie tropicale et en Amérique du Sud. Les serpents arc-en-ciel : cette famille de fouisseurs aux écailles très brillantes n'a qu'une espèce qui vit au Sud-Est asiatique. Les serpents typiques ou colubridés : c'est la plus grande famille de serpents et elle se trouve à peu près partout dans le monde. Elle comporte une multitude de tailles et de formes. Quoique la plupart des individus soient inoffensifs, certains sont venimeux. **Les élapidés** (cobras et leurs parents) : ces serpents venimeux de terre et de mer se trouvent dans les régions les plus chaudes du monde. Les vipères et les vipères-noyaux : ceux-ci sont des serpents courts, au corps lourd avec de longs crochets qui se replient pour tenir dans la bouche.

serpent-tube rouge
serpent arc-en-ciel
python-balle
serpent-lime de la mer d'Arafura
vipère palestinienne
serpent-tigre australien (un élapidé)

Un anaconda dans ta baignoire ?

Il est possible d'adopter certains serpents comme animal domestique, mais il est préférable d'en laisser quelques-uns tranquilles. Un anaconda est l'un de ceux qu'il ne faut pas avoir chez soi.

UN COMPAGNON PAS TRÈS SYMPATHIQUE

Imagines-tu un anaconda grandeur nature dans ta baignoire ? Pour commencer, la baignoire ne serait peut-être pas assez grande ! Les anacondas verts peuvent mesurer jusqu'à 10 m et peser jusqu'à 250 kg. Comme ils vivent généralement sous les tropiques, il faudra que ta salle de bain soit chauffée autour de 30°C. Tu auras sans doute un peu de mal à trouver de la nourriture. Un anaconda peut manger un caïman adulte de la famille des alligators ou un cochon toutes les deux ou trois semaines. Et ils ne sont même pas particulièrement amicaux, surtout quand ils ont faim. Ne laisse pas traîner ton chien dans les parages !

Fais ton propre mobile serpent

1. Choisis l'un des serpents de ce livre et dessine-le enroulé avec sa tête au milieu de la page.
2. Choisis un dessin dans ce livre. Dessine le motif de la peau sur les deux côtés du papier et colorie-le.
3. Colorie les yeux et les écailles du serpent et les crochets si tu veux les montrer.
4. Maintenant, découpe la silhouette du serpent et attache un morceau de ficelle à la tête. Accroche-le de telle manière qu'il tourne lentement.

GLOSSAIRE

amphibien : animal dont la colonne vertébrale se développe dans l'eau mais qui passe la plupart de sa vie d'adulte sur terre, comme la grenouille.

Arafura : partie de l'océan pacifique ouest qui sépare la Nouvelle-Guinée de l'Australie.

camouflage : couleurs, dessins ou forme du corps qui permettent à un animal de se fondre avec son environnement.

carnivore : qui mange de la viande.

cécilie : amphibien sans pattes du type ver de terre qui creuse des terriers et habite les régions tropicales.

cloaque : L'ouverture par laquelle passent les déchets et qui est également utilisée pour la reproduction.

colubridés : le groupe de serpents le plus grand. La plupart des colubridés sont inoffensifs.

constriction : manière dont les serpents tuent. Un constricteur enroule son corps autour de sa proie pour l'étouffer et arrêter sa circulation sanguine.

couver : s'asseoir sur des œufs afin qu'ils restent à la bonne température pour éclore.

crochet : une longue dent pointue creuse ou cannelée qui peut servir à transmettre du venin à la proie.

dent de l'œuf : une petite dent acérée pointue que les serpenteaux utilisent pour fendre l'œuf.

élapidés : un groupe de serpents venimeux. Il comprend les cobras et les mambas.

environnement : caractéristiques de l'habitat des animaux et des plantes.

évoluer : les animaux et les plantes s'adaptent aux conditions de leur milieu, pour cela ils changent tout au long des générations.

évolution convergente : développement de traits et habitudes similaires chez des animaux qui ne sont pas apparentés, parce qu'ils habitent dans des environnements similaires, trouvent de la nourriture similaire et font face à des problèmes similaires.

fossettes : des récepteurs de chaleur sous les yeux ou sur les lèvres d'un serpent pour trouver une proie au sang chaud dans le noir.

forêt tropicale : une forêt qui est généralement humide et embuée pendant toute l'année.

fouisseur : serpents qui creusent des terriers.

incubation : action par laquelle les reptiles provoquent l'éclosion de leurs œufs en leur communiquant la chaleur de leur corps.

mammifères : animaux au sang chaud qui sont en général couverts de poils et dont les petits têtent le lait de la mère.

membrane : peau fine et molle.

mocassin : le terme vient des Amérindiens qui fabriquaient des mocassins en peau de serpent.

mue d'un serpent : dépouille d'un serpent qui a changé de peau.

organe de Jacobson : récepteur sensoriel olfactif et gustatif situé dans les fosses nasales.

ovipare : animal qui pond des œufs.

ovovivipare : animal qui maintient les œufs à l'intérieur de son corps jusqu'à leur éclosion.

parcheminé : apparence de la coquille des œufs constituée d'une série de membrane comparée au parchemin.

prédateur : animal qui chasse et tue d'autres animaux pour se nourrir.

proie : animal qui est tué pour être mangé par un autre animal.

reptile : animal qui ne produit pas sa propre chaleur interne, qui généralement pond des œufs sur terre, a des écailles et une colonne vertébrale.

sac : poche ou cavité protectrice, située à l'intérieur du corps de la femelle ovovivipare, dans laquelle baigne le serpenteau jusqu'à sa naissance.

sang chaud : se dit d'un animal qui produit sa propre chaleur interne, comme un oiseau ou un mammifère.

sang froid : se dit d'un animal dont la température interne est égale à celle de son environnement.

squelette : les os d'un corps qui supportent les tissus .

taïpan : grand serpent venimeux d'Australie et de Nouvelle-Guinée. Le terme vient de « dhayban » en langue aborigène d'Australie.

venimeux : animal capable d'infliger une piqûre ou une morsure empoisonnée.

venin : liquide empoisonné utilisé pour tuer la proie. Il est administré par les crochets.

vertèbres : os de forme étrange avec un centre circulaire, beaucoup d'entre eux s'articulent pour former le cou, la colonne vertébrale et la queue d'un animal.

POUR EN SAVOIR PLUS SUR LES SERPENTS

LIVRES

Grand guide encyclopédique des serpents, Artémis Editions, 1999

Guide des amphibiens et reptiles d'Europe, Les 173 espèces européennnes, collection les guides du naturaliste, G. Matz et D. Weber, Éditions Delachaux & Niestlé, 1999

Guide des serpents d'Europe, d'Afrique du Nord et du Moyen-Orient, collection les guides du naturaliste, Gruber, Éditions Delachaux et Niestlé, 1992

L'élevage des serpents rois, serpents des blés et autres colubridés , Éditions Philippe Gérard, 1997

Le livre des animaux sauvages, P. Dupont, Gallimard jeunesse, 1990

Le serpent, images et rituel, J. Lacarrière et Y. Ineich, Éditions du Perron.

Les serpents, collection **les merveilles du monde animal**, Bordas jeunesse, 1993.

Les serpents, collection Nos amis les animaux, par G. Deland, Le jour, Éditeur, 1999

Les reptiles, collection **l'imagerie animale pour les faire reconnaître aux enfants**, Editions Fleurus, 1999

Reptiles , collection Nature 3D, Hachette jeunesse, 1999

Reptiles, les encyclopoches, Hachette, 1997

Reptiles et amphibiens, un guide pratique pour identifier facilement 126 reptiles et amphibiens, collection Nature poche, Editions Gründ, 1997

ASSOCIATION

Société herpétologique française junior
35 rue Edouard-Vaillant -94140 Alfortville

BIBLIOTHÈQUE/MÉDIATHÈQUE du jardin des Plantes
38 rue Goeffroy St Hilaire-75005 Paris

SITES WEB

http://www.arazpa.org.au/links.htm
http://vhsociety.home.mindspring.com/links.htm
http://www.herper.com/sneha/herpetology.html
http://www.links2go.com
http://www.lizardlover.com
http://home.ptd.net/~herplink/ondex.html
http://www.ukans.edu/~ssar/

INDEX